Franziska Wenzel

Gliederung der dänischen Dialekte

GRIN - Verlag für akademische Texte

Der GRIN Verlag mit Sitz in München hat sich seit der Gründung im Jahr 1998 auf die Veröffentlichung akademischer Texte spezialisiert.

Die Verlagswebseite www.grin.com ist für Studenten, Hochschullehrer und andere Akademiker die ideale Plattform, ihre Fachtexte, Studienarbeiten, Abschlussarbeiten oder Dissertationen einem breiten Publikum zu präsentieren.

Franziska Wenzel

Gliederung der dänischen Dialekte

GRIN Verlag

Bibliografische Information Der Deutschen Bibliothek: Die Deutsche Bibliothek verzeichnet diese Publikation in der Deutschen Nationalbibliografie; detaillierte bibliografische Daten sind im Internet über http://dnb.ddb.de/ abrufbar.

1. Auflage 2006
Copyright © 2006 GRIN Verlag
http://www.grin.com/
Druck und Bindung: Books on Demand GmbH, Norderstedt Germany
ISBN 978-3-640-53786-0

Universität Hamburg

Ostskandinavisch:
Dänisch, Ricksmål/ Bokmål, Schwedisch und ihre Dialekte
WS 2005 / 2006

Gliederung der dänischen Dialekte

vorgelegt von:

Franziska Wenzel

Skandinavistik (HF, MA)

Weitere Studienfächer: Sprachlehrforschung (HF, MA)

7. Fachsemester

Inhaltsverzeichnis

0 Einleitung

In der vorliegenden Hausarbeit werde ich mich mit den Dialekten Dänemarks beschäftigen. Einleitend wird eine grobe geographische Einteilung der Dialekte aufgeführt. Danach erfolgt ein kurzer Überblick über die wichtigsten sprachlichen Kriterien, mithilfe derer man weitere Einteilungen vornehmen kann. In den darauffolgenden Kapiteln werden einige Dialekte präsentiert und analysiert. Danach werden die Dialekte chronologisch betrachtet - Wie groß waren die regionalen Unterschiede im Dänischen früher? Wie groß sind sie heute? Welche Stellung nehmen bzw. nahmen Soziolekte ein? Gibt es Dialekte oder Soziolekte, die besonderes Ansehen genießen? Zum Schluss soll der Frage nachgegangen werden, welche Entwicklung die dänische Sprache in Zukunft möglicherweise nehmen wird und welchen Einfluss das fortschreitende Medienzeitalter auf die Dialekte ausübt.

1. Die dialektalen Großräume

Es gibt 3 dialektale Großräume in Dänemark. Das Westdänische wird auf dem gesamten Festland gesprochen und gliedert sich in der ersten Stufe weiter in Ost-, Süd- und Westjütisch. Das Inseldänische wird auf allen großen Inseln gesprochen, jedoch nicht auf Samsø, Læsø und Anholt. Fünen war im Mittelalter rechtlich an Jütland gebunden. Dieser Umstand wirkte sich auch auf die Sprache aus. Daher nimmt das Fünische heute eine Art Zwischenstellung zwischen dem Jütischen und dem Seeländischen ein.[1] Das Ostdänische existiert im heutigen Dänemark nur noch auf Bornholm.[2] Aus Perspektive der dänischen Linguisten werden aber auch die südschwedischen Dialekte der Gebiete, die vor 1658 zum dänischen Staatsgebiet gehörten, zum Ostdänischen hinzugezählt. Insgesamt bildet das Ostdänische gewissermaßen die Übergangszone zwischen mitteldänischen und mittelschwedischen Dialekten.[3]

---

[1] Nielsen, Brøndum Johs. : S. 93
[2] Braunmüller, Kurt: Die skandinavischen Sprachen im Überblick S. 83
[3] Haugen, Einar: S. 61

Es folgt eine etwas detailliertere Auflistung der Dialekte und deren
Verbreitungsgebiete:[4]

Westdänisch	Nordostjütisch	Vendsyssel, Hanherred, Læsø
	Ostjütisch	Himmerland, Ommersyssel, Djursland, Anholt, Samsø, Mols
	Südostjütisch	Starup, Tønder, Åbenrå, Sønderborg
	Südjütisch (Sønderjysk)	Südschleswig, Als, Rømø
	Südwestjütisch	Oksby, Fanø
	Westjütisch	Ringkøbing, Esbjerg
	Mittelwestjütsch	Nees, Aulum, Salling
	Nordwestjütisch	Thy, Mors

Inseldänisch	Seeländisch	Seeland
	Dialekte der südlichen Inseln	Møn, Falster, Lolland
	Fünisch	Fünen, Langeland, Ærø
Ostdänisch	Bornholmisch	Bornholm
	Schonisch	Halland, Blekingen

[4] http://www.geocities.com/henrik2405hsj/danskdialekt.html?20051

In Abbildung 1 sind die drei dialektalen Großräume Dänemarks durch unterschiedliche farbliche Markierung vereinfacht dargestellt. Im gelben Bereich wird Westdänisch, im grünen Inseldänisch und im roten Ostdänisch gesprochen.

Abb. 1: Die dialektalen Großräume

Diese Gliederung der Dialekte, die man auch noch weiter unterteilen könnte, richtet sich nach den geographischen Grenzen der Gebiete, in denen sie gesprochen werden.[6]

---

[5] Grafik aus: www.hum.ku.dk/dialekt/danmakrskort-a4.jpg

[6] Brøndum Nielsen, Johs.: S. 91

2. Das Standarddänisch

Die Standardsprache im Dänischen ähnelt stark der Sprache die in Kopenhagen gesprochen wird. Demzufolge handelt es sich hierbei auch um einen Dialekt, der jedoch im Laufe der Zeit als "der richtige" anerkannt wurde[7]. Diese Aufwertung begann bereits ab 1529, als Christian Pedersen, der u.a. als Bibelübersetzer berühmt wurde, die schriftsprachliche Normierung einleitete. Er ordnete und systematisierte die große Anzahl der verschiedenen Schrifttraditionen, die zum damaligen Zeitpunkt herrschten und bezog sich dabei hauptsächlich auf die Schrifttradition der Hauptstadt.[8]

Als Kopenhagen unter Christian IV. Anfang des 17. Jahrhunderts förmlich aufblühte, wurde es endgültig zum landesweiten Vorbild guten Geschmacks und der Bildung. Auch die dort gesprochene Sprache gewann an zusätzlicher Beliebtheit und bei der Oberschicht der Hauptstadt war bereits eine einheitliche Sprache nachzuweisen. 1678 gab der dänische Grammatiker Gerner allen Dänen den Rat "von denen zu lernen, die in der Hauptstadt von wirklichen dänischen Eltern geboren wurden oder in der Hauptstadt und an der Universität ausgebildet wurden".[9] Auf diese Weise wurde das Kopenhagener Dänisch zur überregionalen Norm und gleichzeitig wurden auch die Weichen für den gehobenen Soziolekt "Højkøbenhavnsk" gelegt. Die Aufrecht-erhaltung des hohen Status, den die Kopenhagener Sprache genießt, ist heute v.a. dem Umstand zu verdanken, dass Kopenhagen als Hauptstadt gleichzeitig die Rolle des überregionalen Medienzentrums einnimmt.

3. Die Unterscheidungskriterien

Um einen Überblick über die Dialektlandschaften zu erhalten, wurden die Dialekte zunächst nach offensichtlichen, geographischen Gesichtspunkten voneinander ab-gegrenzt. Im Folgenden werden die Dialekte aus linguistischer Perspektive beleuchtet. Anhand von Faktoren wie schwachtonige Endsilbe, Anzahl der grammatischen Geschlechter oder Stoßton können weitere Spezifizierungen vorgenommen werden.

---

[7] http://www.gravengaard.dk/dialekt/om%20dialekter.htm
[8] Haugen, Einar: S. 412
[9] Haugen, Einar: S. 69

3.1 Schwachtonige Endsilben

Im Dänischen gibt es 3 Möglichkeiten die auslautende Silbe zu realisieren: Als Vollvokal im Ostdänischen, wie auch im Schwedischen und Norwegischen; als Schwa im Inseldänischen oder als Apokope fakultativ im Inseldänischen und obligatorisch im Westdänischen.[10]

Beispiele für das Verb "at sætte":

Westdänisch: [♦a:⌂] oder [”♦a⌂] , Inseldänisch: [♦a⌂★] , Ostdänisch: [♦a♦α]
Die Apokopierung der schwachtonigen Endsilbe im Jütischen existiert bereits seit dem 12. Jahrhundert. Im Vergleich zu anderen dänischen und skandinavischen Dialekten hatte das Jütische in dieser Zeit bereits eine Stellung, die der heutigen durchaus gleichkommt. Das Jütische ist auch der Dialekt, in dem sich die Aussprache am weitesten von der Form im Ur-Nordischen (200-800) entfernt hat. Das hängt v.a. mit dem Vokalwegfall in der zweiten Silbe von zweisilbigen Wörtern zusammen.[11] Die Abschwächung der Endsilbe vollzog sich, indem sich der Druck in den entsprechenden Wörtern so auf die erste Silbe verlagert hat, dass die zweite Silbe nach und nach schwächer und schließlich gar nicht mehr realisiert wurde.[12] Die Apokopierung bewirkte somit, dass aus alten Zweisilbern neue Einsilber wurden. Diese Reduktion führte zu unterschiedlichen Resultaten: Im östlichen Teil Zentraljütlands (Midtøstjylland) und in Sønderjylland kam es zu Homophonien vieler alter und neuer Einsilber. In der gesprochenen Sprache konnte mit [h❷b] sowohl das Substantiv *et hop* als auch das Verb *at hoppe* gemeint sein. Genauso verhielt es sich mit [j✛❸ʄ], womit entweder das Substantiv *en hjælp* oder das Verb *at hjælpe* gemeint sein konnte. Heute wird dieser signifikante Unterschied in unterschiedlicher Form markiert: Im äußersten Osten Sønderjyllands bekommen alte Zweisilber bei drohender Homophonie mit alten Einsilbern den Circumflex, der in phonetischer Hinsicht dem Akzent 2 im Norwegischen und im Schwedischen ähnelt. In Nordjütland wird die Homophonie durch eine Längung des vorangehenden Vokals

---

[10] Kristiansen, Tore: "Sproglig regionalisering i Danmark?" S. 117
[11] Nielsen, Niel Åge: S. 10
[12] Nielsen, Niel Åge: S. 39

umgangen: *en hat* [had], *hatte* [ha:d]; oder *et slurk* [slå☐g], *at slurke* [slå:☐g].[13] Das Ostdänische hat mit dem Vollvokal in der Endsilbe noch die ursprünglichste Form der Aussprache des Dänischen bewahrt. Das lässt sich einerseits mit der geographischen Isolation wie andererseits auch mit der Nähe zu Schweden erklären. Das Inseldänische nimmt mit der fakultativen Apokopierung der Endsilbe oder mit dem Erhalt des Schwa-Lautes eine Art Zwischenstellung zwischen dem West- und dem Ostdänischen ein.

3.2 Die Aussprache des Personalpronomens "Jeg"

Ein wichtiges Kriterium zur Unterscheidung der dänischen Dialekte ist die Aussprache des Personalpronomens "Jeg". Im Ostdänischen sagt man ähnlich wie im Schwedischen [ja] mit einem sehr offenen [a]. Im Inseldänischen hört man eher [jæj] oder [jæ]. Hier ist das [æ] wesentlicher flacher. Auf dem Festland sagt man typischerweise [a][14] oder in Thy sowie in Sønderjylland auch [æ]. Besonders auffällig waren diese phonetischen Unterschiede Ende des 19. Jahrhunderts.

3.3 Die Stellung des bestimmten Artikels

Der bestimmte Artikel ist im Standarddänischen, wie auch in anderen skandinavischen Sprachen, enklitisch. In bestimmten Dialekten Westjütlands kann man den Artikel aber auch vorangestellt vorfinden. Der Artikel *æ* wird genusunabhängig verwendet und tritt seit etwa dem 16. Jahrhundert auf. Im Westjütischen heißt es *æ mand, æ kone* und *æ hus*.[15] Im Standarddänischen sagt man *manden, konen* und *huset*. Da das Westjütische über Schleswig Verbindungen zum Deutschen hat, kann man mit großer Sicherheit davon ausgehen, dass sein Ursprung in diesem Sprachkontakt liegt.[16] Es gibt aber noch weitere Hypothesen darüber, wie es zu seiner Entstehung gekommen sein könnte. Drei davon lauten:

---

[13] Nielsen, Niel Åge: S. 41

[14] Kristiansen, Tore: "Sproglig regionalisering i Danmark?" S. 117

[15] Nielsen, Niel Åge: S. 42

[16] Nielsen, Niel Åge: S. 43

1. Der westjütische Artikel ist durch Sprachkontakt mit dem West- bzw. Nordseegermanischen entstanden.[17]

2. Der Sprachwissenschaftler Skautrup geht davon aus, dass der westjütische Artikel seinen Ursprung im nordgermanischen Demonstrativum "thæn" oder im Demonstrativum "inn" hat.[18]

3. Der westjütische Artikel ist eine logische Folge der Apokopierung. Dadurch, dass durch die Druckverlagerung die Endsilbe in alten Zweisilbern nicht mehr mitgesprochen wurde, entfielen auch die grammatischen Informationen, die in eben diesen Silben gespeichert waren. Informationen wie z.b. die Bestimmtheit mussten daraufhin an anderer Stelle im Satz angezeigt werden. Auf diese Weise fand der bestimmte Artikel seinen Platz vor dem zu bestimmenden Substantiv.

Da es den vorangestellten bestimmten Artikel in fast allen germanischen Sprachen gibt und die geographische Nähe Westjütlands einerseits über die Landverbindung zu Deutschland und andererseits auch durch die relativ geringe Distanz über den Seeweg zu Großbritannien gegeben ist, halte ich die erste der drei Theorien für besonders wahrscheinlich.

3.4 Die Anzahl der grammatischen Geschlechter

Das Standarddänische verfügt über zwei grammatische Geschlechter: Das Utrum und das Neutrum.[19] Das Standarddänische unterscheidet demzufolge nicht zwischen Maskulinum und Femininum, sondern fasst beide Geschlechter mit dem Utrum zusammen. Bis ins 18. Jahrhundert wurde aber, wie im Deutschen, in drei Geschlechter unterschieden: Maskulinum, Femininum und Neutrum. In verschiedenen Dialekten wird genau diese Unterscheidung auch heute noch vorgenommen: In großen Teilen des nordöstlichen Jütlands, wie z.B. in Vendsyssel, in einem Großteil von

---

[17] Braunmüller, Kurt: "Dialekt, Sprachverwandtschaft und 'Drift': Zur Stellung des Sønderjysk in der germanischen Sprachfamilie" S. 298

[18] Braunmüller, Kurt: "Dialekt, Sprachverwandtschaft und 'Drift': Zur Stellung des Sønderjysk in der germanischen Sprachfamilie" S. 298

[19] http://www.gravengaard.dk/dialekt/dialekter%20i%20DK.htm

Djursland, auf den Inseln Læsø, Anholt und Samsø,[20] sowie im Ostdänischen auf Bornholm.

Neben den Möglichkeiten zwei oder drei Geschlechter gibt es noch die Einteilung in nur ein einziges Geschlecht, wie es in Westjütland der Fall ist. Das Geschlecht wird Fælleskøn genannt und der unbestimmte Artikel dafür lautet *en*. Es heißt sowohl *en* bzw. *den mand* als auch *en* bzw. *den hus* oder *en* bzw. *den værelse*.[21] Die Besonderheit ist, dass es hier zwar nur ein Geschlecht gibt, aber dass dafür mit den Demonstrativpronomen *den* und *det* in zählbar und nicht-zählbar unterschieden wird: Es heißt zählbar: *den hus* , aber nicht-zählbar: *det mælk*.[22]

Die folgende Tabelle listet den Gebrauch der grammatischen Geschlechter auf. Es wird sowohl die Anzahl der Geschlechter dargestellt als auch der dazugehörige unbestimmte Artikel, der von Dialekt zu Dialekt variiert.

Genussysteme in Dänemark:

	Standard dänisch	*Westjütland*	*Nordjütland*	*Jütische Inseln*	*Bornholm*	
maskulin	en	en	i	ing	ejn	Mand
feminin	en	en	e	en	en	Kone
neutral	et	en	æ	et	et	Hus

Hinweis: Der Artikel *æ*, der in Nordjütland für neutrale Substantive gebraucht wird, drückt Unbestimmtheit aus. In Westjütland gibt es diesen Artikel auch, aber dort handelt es sich, wie in Kapitel 3.1 bereits beschrieben, um den vorangestellten bestimmten Artikel.

3.5 Der Stoßton

Der Stoßton ist eine Besonderheit der dänischen Sprache und entsteht durch eine glottale Verengung. Die Glottis, die aus zwei Stimmlippen besteht, befindet sich im Kehlkopf und ist u.a. für die Stimmgebung verantwortlich.

---

[20] Nielsen, Niel Åge: S. 44
[21] Nielsen, Niel Åge: S. 45
[22] http://www.gravengaard.dk/dialekt/dialekt.htm

Innerhalb des betreffenden Segments werden die Stimmlippen gespannt und versteift. Dadurch wird die Vibration der Stimmlippen entweder verlangsamt oder hört in Extremfällen sogar ganz auf, d.h. es kommt zum glottalen Verschluss.[23] Dieses Phänomen tritt innermorphemisch in sehr wenigen Schriftsprachen auf. Eine davon ist Dänisch und eine weitere ist z.b. Vietnamesisch. Im Englischen und im Französischen wird hingegen nur sehr wenig von diesem Vorgang Gebrauch gemacht. In anderen Sprachen wie z.b. im Deutschen gilt der glottale Verschluss als Grenzmarkierung. Man spricht dann von einer Junktur. Würde es die Junktur nicht geben, könnte man im Deutschen in gesprochener Sprache zwischen folgenden Beispielen keinen Unterschied heraushören: das Tau-chen / tauchen

        der - Adler / der Radler

        erb-lich / er-blich

Im zügigen Redefluss kann es jedoch passieren, dass die Junktur nur sehr schwach oder gar nicht wahrnehmbar ist.

Im Dänischen hat diese Junktur einen besonderen Status als Stoßton. Sie markiert hier keine Wortgrenzen, sondern sie tritt auch innermorphemisch auf.
Im Standarddänischen gibt es viele Regeln für die Distribution des Stoßtones. Die wichtigste davon lautet:

Als Produkt einer Modifikation der normalen Stimmlippenschwingung, tritt der Stoßton nur in stimmhaften Segmenten auf. Außerdem muss die betreffende Silbe strukturell lang und betont sein. Sie muss also einen Langvokal oder einen Kurzvokal mit nachfolgend stimmhafter Konsonanz beinhalten und zumindest über einen Nebenakzent verfügen. Kurz gesagt, es muss sowohl eine stimmhafte wie auch betonte Basis vorliegen, die Stoßtonbasis.[24]

---

[23] Neppert, Joachim; Pétursson Magnús: S. 158

[24] http://www.cphling.dk/~ng/pdf_filer/kapitel11.pdf

Regional gibt es jedoch mehr oder weniger stark abweichende Regeln zum Gebrauch und mancherorts gibt es den Stoßton überhaupt nicht. Zu diesen Gebieten zählen der östliche Teil Sønderjyllands, Südfünen, Südseeland und alle südlich von Seeland gelegenen Inseln, sowie Bornholm.[25] Diese Regionen werden auf Dialektkarten durch die sogenannte Stoßtongrenze, die in Abbildung 2 dargestellt ist, markiert.

26

Abb. 2: In den unterhalb der Stoßtongrenze gelegenen Gebiete gibt es keinen Stoßton. Die Stoßtongrenze existiert bereits sehr lang. Einiges deutet darauf hin, dass ihre Entwicklung schon im Zuge der Ansiedlung von schwedischen Wikingern in Südjütland und auf süddänischen Inseln, wie z.B. auf Lolland, im 11. Jahrhundert begann. Zu einer verschärften Abgrenzung vom restlichen Dänemark führte in Süddänemark auch die Einrichtung eines eigenen Tings, welches Schätzungen zu Folge ab Mitte des 11. Jahrhunderts bestand und heute noch als "Urnehoved" bekannt ist. Diese Umstände führten nicht nur zu politischen sondern auch zu sprachlichen Grenzen.[27] Das Fehlen des Stoßtones ist nur eins von vielen Elementen, die kennzeichnend für süddänische Dialekte sind.

[25] Braunmüller, Kurt: "Die skandinavischen Sprachen im Überblick" S. 109
[26] Grafik aus: http://www.gravengaard.dk/dialekt/ordbog.htm
[27] Nielsen, Johs. Brøndum : S. 94

Der westjütische Stoßton folgt ebenfalls ganz eigenen Regeln: Er tritt vor altem <-pp->, <-tt->, und <-kk-> auf.

Beispiele: *loppe* [lå'b], *katte* [ka'd], *stokke* [sdå'g]

Außerdem tritt der westjütische Stoßton auch innerhalb von Konsonantenverbindungen aus Liquiden, Spiranten oder Nasalen und den Verschlusslauten p, t und k auf.

Beispiele: *lærke* [lä□'g], *skarpe* [sgα□'b]

Interessanterweise werden nördlich und südlich vom Auftreten dieses Stoßtontyps Wörter derselben Art meist mit langem Vokal gesprochen. Es scheint so zu sein, dass sich der westjütische Stoßton durch die Vokalkürzung als Kompensation der Längung herausentwickelt hat.[28] Darum wird dieser Stoßtontyp auch Kurzvokalstoßton genannt.

3.6 Klusilschwächung

Die Klusilschwächung begann bereits Anfang des 13. Jahrhunderts. Wörter, die heute noch in anderen skandinavischen Sprachen *mat* und *gatæ* heißen und auch mit einem deutlichen [t] im In- und Auslaut gesprochen werden, wurden ab diesem Zeitpunkt nicht nur mit <d> geschrieben, sondern auch mit einem abgeschwächten Laut an dieser Stelle gesprochen. Das konnte entweder [d] sein oder auch ein noch weiter abgeschwächter Laut, wie etwa das sogenannte "weiche d" [ð]. Es handelt sich hier um einen sprachspezifischen Laut, der typisch für das Dänische ist. Man betrachtet ihn als Approximanten zwischen einem Nicht-Mehr-Reibelaut und einem Noch-Nicht-Lateral.[29] Die Abschwächung des Klusils konnte vom [d] über [ð] auch bis zum völligen Wegfall des entsprechenden Lautes führen.

---

[28] Nielsen, Niel Åge: S. 41
[29] Braunmüller, Kurt: "Die skandinavischen Sprachen im Überblick" S. 105

Welchen Grad die Abschwächung erreicht, ist einerseits wort- und andererseits dialektabhängig. Das "weiche d" [ð] ist jedoch besonders weit verbreitet. Es ist v.a. auf Bornholm, Seeland, Westmön, auf dem südlichen Teil von Falster, im Himmerland, in Thy und auf Mors anzutreffen. In Ostjütland erreicht die Abschwächung einen weiteren Grad. Wenn der Verschlusslaut [t] nicht vollständig wegfällt, kann er hier auch als [j] oder in verschiedenen R-Lauten in Erscheinung treten. Das geschieht auf Fünen oder in Sønderjylland. So kann man im Sønderjysk anstelle von *middagsmad* [medæsmæð] auch [mejæsma:] hören. Das erste [d] wurde hier durch [j] ersetzt und das zweite [d] ist weggefallen.

4. Ausgewählte Dialekte

4.1 Jütisch

Als Jütisch bezeichnet man die größte regionale Variation, die in Jütland und auf den dazugehörigen Inseln Rømø, Mandø, Fanø, Als, Endelave, Tunø, Samsø, Anholt und Læsø gesprochen wird. Jütland teilt sich sprachlich in zwei große Gebiete: In den nördlichen dialektalen Raum und in den südlichen, der sich auf Sønderjylland beschränkt, wo der deutsche Einfluss auf Kultur und Sprache sehr ausgeprägt ist. Auffällig ist, dass sich die Qualität vieler Vokale im nördlichen Jütland stark verändert hat. Im Süden blieben die Vokalqualitäten auf einer älteren Stufe stehen. Im Zeitraum zwischen 1200 und 1250 verschob sich in ganz Dänemark [a:] zunächst in Richtung [å:]. Der Verschiebungsprozess endete an dieser Stelle im Sønderjysk, ging im Nordjütischen jedoch weiter: Dort wurde aus [å] auf einer weiteren Entwicklungsstufe [o], mit der Konsequenz, dass das alte [o] heute seinen phonetischen Platz zwischen [o] und [u] gefunden hat. Im Nordjütischen wird ål [o'l] und låne [lo:n] gesprochen. Im Sønderjysk sagt man wie im Standarddänischen [å'l] und [låne].[30] Mit der Fortentwicklung der Konsonanten verhält es sich im Vergleich von der Sprache im Norden mit der im Süden genau umgekehrt: Im Sønderjysk sind sie über mehrere Entwicklungsstufen gegangen und im nördlich gesprochenen Jütisch gibt es in der Konsonanz wenig Veränderungen zum Altdänischen. Das nach Vokal folgende altdänische [p], das heute in der Standardsprache <b> geschrieben wird, wird im Nordjütischen [v] gesprochen, im nördlichen Teil Sønderjyllands spricht man inlautend ebenfalls [v], auslautend nähert sich [v] jedoch deutlich einem [f]. Je südlicher man kommt, desto deutlicher hört man in beiden Stellungen [f]. Aus dem altdänischen *gripæ* wurde in den verschiedenen dialektalen Räumen:

Nordjütland: *gribe* [gri:v], *griber* [griv'❷]

Nordschleswig: *gribe* [gri:f], *griber* [griv'❷]

Mittelschleswig: *gribe* [gri:f], *griber* [grif❷] [31]

---

[30] Nielsen, Niel Åge: S. 52
[31] Nielsen, Niel Åge: S. 53

Weitere Besonderheiten in Bezug auf die abweichende Konsonanz im Sønderjysk sind in Kapitel 4.1.2 aufgelistet.

In den vorangegangenen Kapiteln wurden bereits beschrieben: die Apokope, der westjütische Stoßton, der fehlende Stoßton in Sønderjylland, der Circumflex und der vorangestellte Artikel in Westjütland. Außerdem gibt es aber noch viele andere Merkmale, die für das Jütische kennzeichnend sind. So wird [é] im Anlaut häufig als [je] oder [jɛ] wiedergegeben. Das Zahlwort *en* spricht man [jˀn]. Eine weitere phonetische Besonderheit im Norden und im Westen Jütlands ist das dunkle [ʊ]. Es handelt sich hier um einen bilabialen Frikativlaut, der auch aus dem Englischen bekannt ist. Im Norden tritt [ʊ] anlautend vor Vokal auf. Im Westen sind die Regeln für den Gebrauch etwas komplizierter. [ʊ] wird vor hinterem Vokal [ɑ, a, å, o] realisiert und auch wenn ein zweiter Konsonant vorangestellt wird: [hʊ-, kʊ-, tʊ-, sʊ-].[32]

Beispiele: *var* [ʊɑ◻]
              svære [sʊä◻]
              hvem [hʊæm]

Anhand des letzten Beispiels lässt sich ein weiteres Phänomen feststellen: Das im Standarddänischen "stumme h" im Anlaut wird in den nördlichen Dialekten immer noch mitgesprochen.

In großen Teilen Jütlands, wie in Vendsyssel, Hardsyssel, Thy, Salling, auf Rømø, Samsø und Mors tritt eine weitere Auffälligkeit in Erscheinung: Nach langem und hohen Vokal kommt es zu einem Klusilsprung. Langes [i:] und [y:] werden [ix, ik, idj, itj] bzw. [yx, yk, ydj, ytj], langes [u] wird [ug] oder [uk] gesprochen.

Beispiele: *ni* [nitj]
              bi [byk]

---

[32] Nielsen, Niel Åge: S. 47

Vielerorts, v.a. in Sønderjylland, gilt der Klusilsprung auch als "Oralisation des Stoßtons": *fri* [fritj].[33]

Es gibt aber nicht nur phonetische Abweichungen sondern auch grammatische. Die Unterschiede sind gravierend beim Gebrauch der Pronomen *hans* und *sin* sowie *dem* und *sig*. Während es im Standarddänischen unbedingt "Han tog *sin* hat." und "De satte *sig* ned i græsset." heißen muss, liegt man im Jütischen auch mit folgenden Sätzen grammatisch richtig: "Han tog *hans* hat." und "De satte *dem* ned i græsset.".

Auch bei der Flexion der Verben gibt es Unterschiede. Einige jütische Dialekte haben die starke Flexion beibehalten, die andere Dialekte bereits im 18. Jahrhundert aufgegeben haben. Das Verb *grine* heiß hier im Präteritum *gren* und nicht wie im Standarddänischen *grinede*.

Im lexikalischen Bereich gibt es v.a. im Süden viele Einflüsse aus dem Deutschen. Vielerorts sagt man anstelle von "selv tak" "derfor ikke"[34] und dabei handelt es sich wahrscheinlich um eine wörtliche Übersetzung aus dem Deutschen.

Abb. 3: Die drei dialektalen Großräume Jütlands

[33] Nielsen, Niel Åge: S. 48

[34] Galberg Jacobsen, Henrik; Skyum-Nielsen, Peder: S. 66

[35] Grafik aus: http://www.jyskordbog.dk/ordbog/atlaskort/K4.1.jpg

4.1.1 Westjütisch

Da die meisten Merkmale des Westjütischen bereits in den vorangegangenen Kapiteln erklärt wurden, werden sie an dieser Stelle nur im Überblick aufgelistet. Im Westjütischen haben alle Substantive dasselbe Geschlecht, das sogenannte Fælleskøn. Man sagt sowohl *en træ* als auch *en hus*. Die Regel besagt, dass Substantive, die einen zählbaren Sachverhalt bezeichnen, den unbestimmten Artikel *en* erhalten. Handelt es sich aber um etwas, dass sich nicht zählen lässt, wie etwa *sukker* oder *pjat* wird entweder *det* oder *noget* vorangestellt.

Kennzeichnend für das Westjütische ist auch der bestimmte Artikel *æ*, der hier nicht enklitisch benutzt, sondern wie z.b. auch im Englischen vor dem zu bestimmenden Wort platziert wird.

Auch der Gebrauch des Stoßtons weicht von den allgemeinen Regeln ab. Das Verbreitungsgebiet des westjütischen Stoßtons erstreckt sich von Nordwestschleswig im Süden bis hin zu Nibe am Limfjord im Norden und wird im Osten von einer Linie abgegrenzt, die sich entlang des Vejle Fjords, Horsens Fjords und Silkeborgs weiter nordwärts nach Nibe und Lildtangen zieht.[36] In einigen Wörtern, die im Standarddänischen Stoßton haben, entfällt er hier, wie z.B. im Substantiv *hals*. In anderen Wörtern, die normalerweise ohne Stoßton gesprochen werden, wird er wiederum verwendet. So heißt es nicht *aften* [afdn] sondern [aꭥ'dn].[37] In diesem Beispiel wird auch ein anderes phonetisches Merkmal deutlich. Im Westjütischen gibt es das "dunkle w", das genau wie der entsprechende bilabiale Laut im Englischen gebildet wird.

4.1.2 Sønderjysk

Das Sønderjysk wird von etwa 6000 - 7000 deutschgesinnten Dänen in Südjütland gesprochen.

Kennzeichnend für diese Sprache ist wie für andere jütische Dialekte auch, die Voranstellung des bestimmten Artikels *æ*.[38]

Weitere spezifische Merkmale sind:

---

[36] Nielsen, Niel Åge: S. 41

[37] http://www.gravengaard.dk/dialekt/dialekt.htm

[38] http://www.gravengaard.dk/dialekt/dialekter%20i%20DK.htm

Die durch die Apokopierung entfallene Endung wird im Sønderjysk unterschiedlich kompensiert. Im Westen Sønderjyllands tritt der westjütische Stoßton hinzu und im äußersten Osten hat sich der sogenannte Circumflex herausgebildet, mit dem ein kompensatorischer Akzent 2 bezeichnet wird. Durch ihn werden Wörter hinsichtlich Singular und Plural oder Imperativ und Infinitv unterschieden. Es handelt sich hiermit um ein prosodisches Merkmal, dass sich durch eine Längung des Vokals sowie durch eine Melodiebewegung auf dem entsprechenden Segment hervorhebt.

Weitere Merkmale dieses Dialekts sind:

Inlautendes [d] kann entweder wegfallen, wodurch Hiatusbildungen möglich sind, wie z.B. bei gade [ga★], oder es wird durch [j] oder [r] ersetzt.[39]

Auslautende Konsonanz kann zweierlei gestärkt werden: 1.) Stimmhafte Spiranten werden desonorisiert. Das bedeutet, die Stimmhaftigkeit entfällt, wie z.B. bei *kage*. Im Sønderjysk sagt man [ka:x]. Dieser Laut ist kennzeichnend für den phonetischen Einfluss des Deutschen, wo es ihn als sogenannten Ach-Laut auch gibt.[40] 2.) Auslautende stimmhafte Verschlusslaute hingegen, werden stimmlos und zudem spirantisiert. Auf diese Weise wird *skib* zu [sgif] und *skab* zu [sgaf].

Auffällig ist auch die Tenuisierung von auslautendem <-g>. *Skæg* wird [skck] und *æg* wird [ek] ausgesprochen.[41] Ein Fortiskonsonant im Auslaut ist im Dänischen die absolute Ausnahme.

Den in Kapitel 4.1 beschriebenen Klusilsprung, wie z.B. in folgendem durch zusätzlich mit d-Schwund und Apokope gekennzeichnetem Wort *byde* [byḵ], gibt es heute nur noch auf Rømø.[42]

Das apokopierte -*e* hat auch zur Folge, dass im Sønderjysk ein anderer Silbentyp als in der Hochsprache vorherrscht. Als Kompensation der Apokope treten lange Resonanten /r:, l:, m:, n:, ★:/ im Auslaut auf. Das bewirkt eine Längung der gesamten Silbe.[43]

---

[39] Braunmüller, Kurt: "Dialekt, Sprachverwandtschaft und 'Drift': Zur Stellung des Sønderjysk in der germanischen Sprachfamilie" S. 294
[40] http://www.gravengaard.dk/dialekt/dialekter%20i%20DK.htm
[41] Braunmüller, Kurt: "Dialekt, Sprachverwandtschaft und 'Drift': Zur Stellung des Sønderjysk in der germanischen Sprachfamilie" S. 290
[42] Braunmüller, Kurt: "Dialekt, Sprachverwandtschaft und 'Drift': Zur Stellung des Sønderjysk in der germanischen Sprachfamilie" S. 290
[43] Braunmüller, Kurt: "Dialekt, Sprachverwandtschaft und 'Drift': Zur Stellung des Sønderjysk in der germanischen Sprachfamilie" S. 294

Von allen dänischen Dialekten spürt man im Sønderjysk den (nord-) deutschen Einfluss auf die Lexik am deutlichsten . Man sagt z.B. "Moin" anstatt "Hej".[44]

4.1.3 Ostjütisch

Wie die anderen jütischen Dialekte erkennt man auch das Ostjütische, was in Himmerland, Ommersyssel und Djursland gesprochen wird, daran, dass schwachtonige Endsilben apokopiert werden.

Phonetisch fällt besonders die andersartige Realisierung der Vokale auf. Der Vokal [u] wird zu [o] abgesenkt. Somit heißt es nicht *nu* [nu'] sondern [no]. Andere ungerundete Vokale werden im Ostjütischen gerundet: [a] → [å] *Karle* [ka:□l★] → [kål]

[i] → [y] *gift* [gifd] → [gyσd]

[e, ɛ]→ [ø] *elleve* [ɛlv★] → [øl★]

Auch der bilabiale w-Laut ist in diesem Dialekt sowohl inlautend - *huske* [hoσs], *aften* [aσdn] - als auch anlautend - *var* [σɑ:□] - anzutreffen.

Außerdem wird das anlautende "stumme h" auch vor nachfolgender Konsonanz mit-gesprochen, wie etwa in *hvad* [hσa⸮] oder in *hvem* [hσɛm].[45]

4.1.4 Vendelbomål

Das Vendelbomål wird in der nördlich gelegenen jütischen Region Vendsyssel gesprochen und ist besonders reich an Vokalen.[46] Typisch ist auch hier wieder die bilabiale Bildung von anlautendem [σ-], das "stumme h" wird im Anlaut auch vor nachfolgender Konsonanz mitgesprochen[47] und es gibt drei grammatische Geschlechter, wie die folgenden Beispiele darstellen: *en mand* [i maj] (Maskulinum), *en kone* [en ku:n] (Femininum) und *et hus* [æ huks] (Neutrum).

[44] Galberg Jacobsen, Henrik; Skyum-Nielsen, Peder: S. 66
[45] http://www.gravengaard.dk/dialekt/dialekter%20i%20DK.htm
[46] http://da.wikipedia.org/wiki/Vendelbom%C3%A5l
[47] http://www.gravengaard.dk/dialekt/dialekter%20i%20DK.htm

Das Vendelbomål hebt sich von anderen jütischen Dialekten durch einige phonetische Besonderheiten deutlich ab. Vor vorderem Vokal wird anlautendes [g-] oft durch [j-] ersetzt: *gik* [jik], *gilde* [ji:l] . In nord- und südöstlichen Teilen von Vendsyssel wird auch ein deutlich hörbares [d-] vorangestellt,[48] es heißt dort: [djik] und [dji:l] . Wie bei dieser phonetischen Abweichung vom Standarddänischen ist auch beim nächsten Merkmal dieses Dialekts ein Einfluss des Schwedischen denkbar. Normalerweise werden die Verschlusslaute /p, t, k/ in- und auslautend bis hin zur Spirantisierung abgeschwächt. Diese Abschwächung erfolgt nicht im Vendelbomål. Die Verschlusslaute werden an-, in- und auslautend gleich stark gesprochen: *koppen* [kåpi], *nitten* [nit★n], *sukker* [sok❷□] .

Auslautendes <-nd> kann durch [-j] realisiert werden: *spand* [spaj], *Sjælland* [sʲælaj].

Im Anlaut und vor vorderem Vokal wird <k-> oft als [tj-] gesprochen: *køn* [tjön], *kende* [tje:j], *kirke* [tjɛ:□k]. Dieser Laut tritt oftmals auch als Stoßtonersatz auf: *fri* [fritj] .[49]

Abb.3: Das Vendelbomål wird in der im Norden Jütlands gelegenen Region Vendsyssel, auf dieser Karte grün eingefärbt, gesprochen.

---

[48] http://da.wikipedia.org/wiki/Vendelbom%C3%A5l
[49] http://da.wikipedia.org/wiki/Vendelbom%C3%A5l

4.2 Inseldänisch

4.2.1 Fünisch

Im Fünischen ist das helle [a] in Wörtern wie *damp, kaffe* und *mappe,* die im Standarddänischen und in anderen Dialekten normalerweise mit dunklerem [a] gesprochen werden, besonders auffällig.

Außerdem wirkt die Sprache sehr "weich", da in- und auslautendes [d] oftmals nicht realisiert wird.

Beispiele: *fodbold* [fobål]

              gade [ga★]

              fred [fre]

              tid [ti]

              ud [u][50]

Der Stoßton wird im Fünischen nur schwach realisiert und in Südfünen entfällt er gänzlich, was die gefühlte "Weichheit" der Sprache zusätzlich untermalt.

Besonders spezifisch für diesen Dialekt ist die Verschmelzung von Vokal und nasalem Konsonanten zu einem nasalen Vokal. Das kommt in keinem anderen dänischen Dialekt vor.

Beispiele: *lang* [la~]

              rund [ru~]

Ein weiteres phonetisches Merkmal ist die besondere Prosodie, durch die das Fünische im Volksmund als besonders "melodiös klingend" bezeichnet wird.[51]

Eine grammatische Besonderheit ist die Einteilung der Substantive in drei Ge-schlechter: *en morgen - ej mårn* (Maskulinum), *en dukke - en dåkke* (Femininum), *et*

---

[50] http://www.gravengaard.dk/dialekt/dialekter%20i%20DK.htm

[51] http://www.gravengaard.dk/dialekt/dialekter%20i%20DK.htm

blus - et blus (Neutrum).[52]

4.2.2 Seeländisch

Das Seeländische und insbesondere das Nordseeländische weist große Ähnlichkeiten mit dem Schonischen auf. Schon im Mittelalter gab es durch die schonischen Fischmärkte auf Seeland Handelskontakte und damit auch Sprachkontakte mit Südschweden. Dadurch gibt es v.a. in phonetischer Hinsicht Besonderheiten, die durch diesen Sprachkontakt zu Stande gekommen sind.

Der schwedische Einfluss führte zu den folgenden neuen Vokalqualitäten: [a] wird realisiert als [å] und [u] als [y]. Das ist ein Teil der großen Vokalverschiebung, die es im Standardschwedischen ab dem Spätmittelalter gab[53].

Prosodisch erkennt man das Seeländische am "Ombrydertone". Hierbei handelt es sich um einen ungewöhnlichen Tonhöhenverlauf, wobei die unbetonten Silben einer Äußerung deutlich höher gesprochen werden, als die der betonten. Dieses Phänomen tritt auf ganz Seeland und besonders in Kopenhagen in Erscheinung.

Beispiel: *Nu skal du bare høre!* - Jetzt hör mal zu!

Im Seeländischen werden die betonten, fettgedruckten Silben wesentlich tiefer ausgesprochen. In den anderen Regionen Dänemarks würde der Tonhöhenverlauf jedoch wie im Deutschen oder in anderen westgermanischen Sprachen mit der Betonung korrelieren, so dass betonte Silben eine höhere Tonhöhe erhalten als unbetonte.[54]

Ein weiteres prosodisches Merkmal ist der besonders kräftig realisierte Stoßton, der sogar in Wörtern auftreten kann, die im Standarddänischen ohne Stoßton gesprochen werden. Das ist besonders auffällig in Wörtern wie *nu'* und *endnu'*. Durch den kräftigen Stoßton, kann es auch zu einer hörbaren Verdopplung des stoßhaltigen Vokals kommen. Auf diese Weise können die Wörter *på* und *ben* wie [på'å] und

---

[52] http://www.gravengaard.dk/dialekt/dialekter%20i%20DK.htm
[53] Braunmüller, Kurt: "Die skandinavischen Sprachen im Überblick" S. 35
[54] Braunmüller, Kurt: S. 111

23

[be'en] klingen.[55]

Das Seeländische hat einen besonders großen Einfluss auf alle anderen dänischen Dialekte.

4.3 Ostdänisch auf Bornholm

Im Gegensatz zu anderen Dialekten weist das Bornholmische nicht nur besonders große Abweichungen in phonetischer, sondern zudem auch in lexikalischer Hinsicht auf. Dadurch ist es nicht nur für Dänischlerner sondern auch für nicht von Bornholm stammende Dänen schwierig, diesen Dialekt zu verstehen.

Ein phonetisches Merkmal, welches sich durch die Verwandtschaft zu den südschwedischen Dialekten erhalten hat, ist die Beibehaltung des Vollvokals in schwachtonigen Endsilben. In Wörtern wie z.B. *at rose*, in denen die Endsilbe in anderen Dialekten bis hin zur Apokopierung abgeschwächt werden kann, setzt sich im Bornholmischen der Vollvokal durch [roza].

Der Dialekt unterscheidet nicht zwischen den Phonemen [ø] und [ö], (han) *dør* und (en) *dør* sind homophon. Beide Wörter werden [dö□] gesprochen. Das Bornholmische ist außerdem der einzige Dialekt, in dem es neben dem typischen stimmlosen [s] auch ein stimmhaftes [z] gibt. Hier wird das Substantiv *en rose* [rosa], hingegen das Verb *at rose* [roza] ausgesprochen.

Besonders auffällig sind die vielen j-Laute. Das Wort *kunne* wird auf Bornholm [kunj★] gesprochen.[56]

Auch das Bornholmische zeichnet sich grammatisch durch die Verwendung von drei Geschlechtern aus. Die unbestimmten Artikel lauten: *ejn* (maskulin), *en* (feminin) und *et* (neutral).

Beispiele für den unbestimmten und bestimmten Artikelgebrauch im Singular und Plural:[57]

---

[55] Gregersen, Frans; Kristiansen, Tore; Møller, Erik; Pedersen, Inge Lise: S. 324
[56] http://www.gravengaard.dk/dialekt/dialekter%20i%20DK.htm
[57] http://da.wikipedia.org/wiki/Bornholmsk

Genus	unbestimmt	bestimmt Sg. / Pl.	Standarddänisch
maskulin	ejn horra	horrijn / horrana	en dreng / drengen /drengene
feminin	en peia	peian / peiarna	en pige / pigen / pigerne
neutral	et húz	húzet / húzen	et hus / huset / husene

Wie im Schwedischen gibt es im Bornholmischen die doppelte Bestimmtheit, die mit einem Demonstrativpronomen und dem zusätzlichen enklitischen Artikel gebildet wird. "Das Eis" heißt [det glåz ★ ◔].

Wie das Fünische verfügt das Bornholmische auch über keinen Stoßton und gilt ebenfalls als "singende Sprache".[58]

4.4 Die Sprachen Kopenhagens

In Kopenhagen unterscheidet man zwischen zwei Soziolekten. Es handelt sich dabei einmal um den Soziolekt der gebildeten Oberschicht, auf Dänisch wird er *Højsprog* bzw. *Højkøbenhavnsk* genannt und er steht im Gegensatz zum Soziolekt der Arbeiterklasse, der auf Dänisch *Lavsprog* bzw. *Lavkøbenhavnsk* heißt.[59] Die Unterschiede zwischen den beiden Soziolekten sind zwar immer noch gegeben, sie waren jedoch Ende des 19. Jahrhunderts am größten.

Das Dänische ist eine Sprache, die sich durch ihre Sprecher besonders schnell fortentwickelt. Darum korreliert die gesprochene Sprache inzwischen immer weniger mit der geschriebenen. Kopenhagen ist eines der Zentren, wo Änderungen sehr oft Einzug in die Sprache halten. So gibt es viele sprachliche Entwicklungen nicht nur durch Soziolekte sondern auch durch Chronolekte, z.B. macht die jüngere Generation besonders viel Gebrauch vom Stoßton.[60]

---

[58] http://www.gravengaard.dk/dialekt/dialekter%20i%20DK.htm
[59] http://www.gravengaard.dk/dialekt/dialekter%20i%20DK.htm
[60] Andersen, Nina Møller: Vortrag August 2004

Durch das multiethnische Millieu der Großstadt steht die Kopenhagener Sprache auch im engen Kontakt mit ausländischen Einflüssen. Besonders im ehemaligen Arbeiterviertel Nørrebro hebt sich eine Pidginsprache hervor. Sie wird Perkerdansk[61] genannt und wird immer öfter als eigener Dialekt gewertet.

4.4.1 Lavkøbenhavnsk

Das Lavkøbenhavnsk hat seinen Ursprung in den Arbeitervierteln Kopenhagens, welche auf Nørrebro und Vesterbro lokalisert sind. Traditionell wird dieser Soziolekt zumeist in informellen Situationen gesprochen. Man erkennt ihn an dem äußerst kräftigen Stoßton und an den flachen Vokalen und besonders an den flachen a's.[62] Durch die flachen a's kommt es zu Homophonien bei Wörtern wie *bærer* und *bager*. Die isolierte phonetische Äußerung [jaj bæ❷□ s☞l' med brö☙'] kann demzufolge bedeuten, dass die entsprechende Person ihr Brot entweder selbst bäckt oder selbst trägt.[63] Welche Version wirklich gemeint ist, kann nur im Zusammenhang herausgefunden werden.

Im Gegensatz zu den flachen Vokalen steht das sehr dunkle [ɑ], welches v.a. unter dem Einfluss von den verschiedenen R-Lauten auftritt. Die Wörter *ret* und *frem* werden im Lavkøbenhavnsk [rɑd] und [frɑm] ausgesprochen. Diese phonetische Erscheinung breitet sich jedoch zunehmend auf das Højkøbenhavnsk und auch insgesamt auf das Standarddänische aus.
Eine weitere Auffälligkeit ist die Affrizierung von [t] im Anlaut vor vorderem, gerundetem und ungerundetem Vokal.

Beispiele: *Tivoli* [tˢevoli:]

               tid [tˢe☙']

               tydelig [tˢy☙li:]

---

[61] Hjortdal, Marie: 3. September 2002

[62] http://www.gravengaard.dk/dialekt/dialekter%20i%20DK.htm

[63] Andersen, Nina Møller: Vortrag August 2004

4.4.2 Højkøbenhavnsk

Schon im 17. Jahrhundert konnte eine einheitliche Sprache bei der Oberschicht Kopenhagens nachgewiesen werden und der dänische Grammatiker Gerner gab 1678 allen Dänen in ganz Dänemark den Rat, die Sprache "von denen zu lernen, die in der Hauptstadt von wirklichen dänischen Eltern geboren wurden oder in der Hauptstadt und an der Universität ausgebildet wurden".[64] Mit dieser Sprache war bereits der Soziolekt gemeint, der auch heute noch großes Prestige genießt - das Højkøbenhavnsk. Auch wenn das Højkøbenhavnsk traditionell populärer ist als das Lavkøbenhavnsk, gleichen sich diese beiden Soziolekte in der heutigen Zeit immer mehr einander an. Mittlerweile bevorzugen viele junge Leute sogar Lavkøbenhavnsk, da sie mit dieser Sprache Modernität und Dynamik assoziieren und bei ihnen Højkøbenhavnsk als snobistisch und konservativ gilt.[65]

---

[64] Haugen, Einar: S. 69

[65] http://www.gravengaard.dk/dialekt/dialekter%20i%20DK.htm

5. Die Popularität der Dialekte

Es gibt verschiedene Möglichkeiten zu ergründen, welche Ansichten Sprecher einer Sprache über deren Dialekte haben. Fragt man Dänen bewusst und direkt, wie sie regionale Unterschiede im Dänischen empfinden, erhält man zumeist ein recht positives Resultat in Bezug auf die Dialekte: Sie werden als besonders charmant angesehen und im Allgemeinen sind die Dänen traurig darüber, dass die Dialekte heute vom Aussterben bedroht sind.[66] Eine Möglichkeit herauszufinden, was Dänen jedoch wirklich von Dialekten halten ist, ihnen eine Sprachprobe von dialektsprechenden Menschen vorzuspielen und anschließend zu hinterfragen, was die Probanden beim Zuhören empfunden haben und welche Meinung sie über den Sprecher haben. Im Allgemeinen wird der Sprecher zwar für nett und sozial erklärt, gleichzeitig aber auch für etwas dumm befunden.

Der Linguist Tore Kristiansen führte 1996 eine Feldforschung im ganzen Land in Bezug auf die Beliebtheit der verschiedenen Dialekte durch. Dabei zeichnete sich Folgendes ab: Als am wohlklingendsten wird das Højkøbenhavnsk empfunden. Danach folgen Dialekte, die westlich des Storebelts gesprochen werden, gefolgt von den Dialekten, die östlich des Storebelts gesprochen werden und das Schlusslicht bildet das Lavkøbenhavnsk.[67]

Andere Untersuchungen ergaben ähnliche Ergebnisse. Das Højkøbenhavnsk hat immer einen großen Beliebtheitsgrad und auch das Fünische hat hohe Popularität. Auffällig ist bei diesen Studien oft die niedrige Platzierung des Lavkøbenhavnsk, das sprachlich gesehen jedoch den größten Einfluss auf das moderne Dänisch hat. Zu beachten ist bei diesen Untersuchungen aber, dass die Dialekte von der jüngeren Generation generell anders bewertet werden. Sie bevorzugen besonders das Lavkøbenhavnsk. Für sie signalisiert das Sprechen dieses Soziolekts, dass man der modernen und fortschrittlichen Großstadt angehört.

---

[66] http://www.gravengaard.dk/dialekt/sprogholdninger.htm
[67] Kristiansen, Tore: S. 321

6. Dialekte gestern, heute - und morgen?

Das Sprechen von Dialekt wurde bereits seit dem Beginn der Urbanisierung Ende des 18. Jahrhunderts und mit der Einrichtung öffentlicher Schulen ab 1814 gezielt versucht zu unterdrücken, da es als ungebildet und bäuerlich galt.[68] Seither begann der Prozess der Vereinheitlichung der Sprache, welcher sich bis heute konstant fortgesetzt hat. Bei dieser Entwicklung gibt es aber auch Ausnahmen, die einerseits das Bornholmische wegen der geographischen Isolation und andererseits das Sønderjyske[69], welches auch von Menschen gesprochen wird, die damit ihre nationale Gesinnung nach außen zeigen wollen, betreffen. Andere Dialekte werden heute so stark wie nie zuvor vom Kopenhagener Dänisch beeinflusst und so fällt es Hörern von Sprachproben zusehends schwerer herauszufinden, aus welcher Region der jeweilige Sprecher stammt. Heute ist es bei Sprachproben leichter zu erkennen, welchen sozialen Rang der Sprecher hat. In der modernen und leistungsorientierten Gesellschaft ist es v.a. wichtig durch die Sprache zu signalisieren, welchen Beruf und welchen Bildungsgrad man hat, nicht jedoch, woher man kommt.

Inge Lise Pedersen erklärt den Schwund der Dialekte auch mit dem Prozess der Annäherung von Land- und Stadtkultur. Eine weitere Ursache ist ihrer Meinung nach die Eroberung des Arbeitsmarkts durch die Frauen in den 50er und 60er Jahren. Bestanden ihre Aufgaben zuvor darin, sich um den Haushalt und die Kinder zu kümmern, musste sie sich nun im Berufsleben etablieren, wo es notwendig war zu verstehen und verstanden zu werden und wo es auch wichtig war, seiner Bildung durch eine angemessene Sprache Ausdruck zu verleihen. Eine logische Folge dieser Entwicklung war auch, dass die Kinder in Institutionen kamen, in denen das Standarddänisch als Lingua Franca unabdingbar war.[70] Spätestens jetzt verloren die Dialekte endgültig an Prestige und sie wurden immer weniger gebraucht. Heute kann man die regionalen Unterschiede zwar oftmals wahrnehmen, wie z.B. an einer andersartigen Satzmelodie, jedoch kann man in Folge Pedersen nicht mehr von

---

[68] Hjortdal, Marie: 3. September 2002

[69] http://www.geocities.com/henrik2405hsj/danskdialekt.html?20051

[70] http://www.magister.dk/sw4973.asp

verschiedenen Dialekten sprechen.

Der Rückgang scheint nur durch künstliche Erhaltungsmaßnahmen aufhaltbar zu sein. Allgemein wird Dialekt fast nur noch von der älteren Generation gesprochen, aber nicht an folgende Generationen weitergegeben. Diese Dialekte sind moribund, d.h. sie sind im Begriff auszusterben. Der Rückgang der Dialekte wird nicht nur anhand der Anzahl der Dialektsprecher gemessen sondern auch an der Anzahl der Situationen, in denen es legitim ist, Dialekt zu sprechen. Heute ist es legitim, Dialekt zu Hause in der Privatsphäre zu verwenden, in der Öffentlichkeit und im Berufsleben ist es jedoch angesehener, Standarddänisch oder eine Regionalsprache, d.h. ein "dialektgefärbtes Standarddänisch" zu sprechen. Die Ursache ist, dass man Dialekte mit den Eigenschaften altmodisch, ungebildet und träge assoziiert. Das Sprechen von Standarddänisch hingegen steht für Modernität, Dynamik und Bildung. Eine Folge des Rückzugs des Dialekts aus der Öffentlichkeit ist auch, dass man es heute nicht mehr gewohnt ist, Dialekt zu hören und das Sprechen von Dialekt Verständigungsprobleme verursachen kann. So können von Jütland stammende Sprecher zwar Sprecher des Standarddänischen verstehen, aber umgekehrt versteht der Standarddänischsprecher den Dialektsprecher nur mit Mühe.[71] Inge Lise Pedersen hat auch hier eine Meinung: "De traditionelle dialekter hører til i fortiden og i diverse foreninger."[72] Damit verdeutlicht die Linguistin, dass Dialekte allgemein keine Funktion mehr haben und dass sie nur noch eine "Museumsrolle" einnehmen. Ich empfinde es aus sprachhistorischer Perspektive jedoch als sehr wichtig und interessant zu wissen, welche Merkmale die verschiedenen Dialekte aufweisen und durch welche Sprachkontakte sie entstanden sein könnten. Deswegen ist es wichtig, ihre Besonderheiten synchron und diachron betrachtet zu dokumentieren, so lange sie noch bestehen. Denn eine Sprache braucht Sprecher. Dieser bewegt sich aber heute in einer Welt, wo es scheinbar keine unüberwindbaren Entfernungen mehr gibt und sollte es sie dennoch geben, sind die Medien allgegenwärtig, die heute mehr denn je Einfluss auf Sprachen aller Welt ausüben. Und da die Sprache ein an den Rändern offenes System ist, werden sowohl grammatische oder phonetische als auch lexikalische Einflüsse rasch aufgenommen. Somit entwickelt sich Sprache immer weiter und der Schwund eines wichtigen Kulturguts, nämlich des Dialekts, ist inzwischen eine

---

[71] Haugen, Einar: S. 71

bedauerliche aber unaufhaltbare Folge.

7. Literaturverzeichnis

1. **Andersen, Nina Møller:** Dansk fonetik og udtalelære for udlændinge. Kopenhagen 2004.

2. **Andersen, Nina Møller:** The Danish Language now and then. Institute of Nordic Studies and Linguistics. Vortrag. Kopenhagen August 2004.

3. **Braunmüller, Kurt:** *Dialekt, Sprachverwandtschaft und 'Drift': Zur Stellung des Sønderjysk in der germanischen Sprachfamilie.* in "Beiträge zur skandinavischen Linguistik", Novus Forlag, Oslo 1995.

4. **Braunmüller, Kurt:** Die skandinavischen Sprachen im Überblick. A. Francke Verlag, Tübingen; Basel[2] 1999.

5. **Jacobsen, Henrik Galberg; Skyum-Nielsen, Peder:** Dansk Sprog - En Grundbog. De Schønbergske Forlag. Viborg 1998.

6. **Gregersen, Frans; Kristiansen, Tore; Møller, Erik; Pedersen, Inge Lise:** Dansk sproglære. Dansklærerforeningens forlag. København 1998

7. **Haugen, Einar:** Die skandinavischen Sprachen - Eine Einführung in ihre Geschichte. Helmut Buske Verlag. Hamburg 1984.

8. **Hjortdal, Marie:** *Dialekterne sover stille ind* in Politiken. Kopenhagen 3. September 2002.

9. **Kristiansen, Tore:** *Sproglig regionalisering i Danmark?* in "Nordisk dialektologi", Novus Forlag, Oslo 2003.

10. **Neppert, Joachim; Pétursson Magnús:** Elemente einer akustischen Phonetik. Hamburg 1992.

11. **Nielsen, Johs. Brøndum:** Dialekter og Dialektforskning. J. H. Schultz Forlag, Kopenhagen 1927.

12. **Nielsen, Niel Åge:** De jyske Dialekter. Gyldendal, Kopenhagen 1959.

---

[72] http://www.magister.dk/sw4973.asp

Recherche im Internet:

13. http://da.wikipedia.org/wiki/Bornholmsk, Zugriff: 5.9.2006

14. http://da.wikipedia.org/wiki/Vendelbom%C3%A5l, Zugriff: 25.11.2005

15. www.cphling.dk/~ng/pdf_filer/kapitel11.pdf, Zugriff: 17.11.2005

16. www.geocities.com/henrik2405hsj/danskdialekt.html?20051, Zugriff: 5.9.2006

17. www.gravengaard.dk/dialekt/dialekt.htm, Zugriff: 5.9.2006

18. www.hum.ku.dk/dialekt/danmakrskort-a4.jpg, Zugriff: 20.11.2005

19. www.jyskordbog.dk/ordbog/atlaskort/K4.1.jpg, Zugriff: 5.9.2006

20. www.magister.dk/sw4973.asp, Zugriff: 4.3.2006